W0213966

Monika
Gänsler

Ländliche Winterwelt

Winterliche Holzmotive

Motivgröße

Tanne ca. 6,5 cm x 7,5 cm

Material (für beide Teile)

- Sperrholzrest, 10 mm stark
- Bastelfarbe in Antikblau, Olivgrün, Mittelbraun und Karminrot
- Krakelier-Lack
- Perlmuttknopf in Grün, ø 2 cm
- 2 Metallglöckchen, ø 15 mm
- Bindedraht, ø 0,35 mm
- 2 Streifen Patchworkstoff, 1,5 cm x 30 cm
- Patchworkstoffrest
- Bohrer, ø 4 mm

Vorlagenbogen 3B

Baumschmuck

Abbildung Seite 3

Die ausgesägten Teile grundieren Sie mit antikblauer Farbe. Nach dem Trocknen tragen Sie den Krakelier-Lack auf und bemalen nach einer weiteren Trockenpause alles wie abgebildet. Nun bohren Sie die Löcher und ziehen durch jedes Loch einen Streifen Patchworkstoff. Bevor Sie die Stoffstreifen verknoten, fädeln Sie jeweils ein Glöckchen auf. Die Tanne erhält zur Zierde einen Stoffstern und das Herz einen Perlmuttknopf, den Sie mit dünnem Bindedraht geschmückt haben.

Fotos: frechverlag GmbH, 70499 Stuttgart;
Fotostudio Ullrich & Co., Renningen

Dieses Buch enthält:
4 Vorlagenbogen

Materialangaben und Arbeitshinweise in diesem Buch wurden von der Autorin und den Mitarbeitern des Verlags sorgfältig geprüft. Eine Garantie wird jedoch nicht übernommen. Autorin und Verlag können für eventuell auftretende Fehler oder Schäden nicht haftbar gemacht werden. Das Werk und die darin gezeigten Modelle sind urheberrechtlich geschützt. Die Vervielfältigung und Verbreitung ist, außer für private, nicht kommerzielle Zwecke, untersagt und wird zivil- und strafrechtlich verfolgt. Dies gilt insbesondere für eine Verbreitung des Werkes durch Film, Funk und Fernsehen, Fotokopien oder Videoaufzeichnungen sowie für eine gewerbliche Nutzung der gezeigten Modelle.

Auflage: 5. 4. 3. 2. | Letzte Zahlen
Jahr: 2007 2006 2005 2004 2003 | maßgebend

© 2003

frechverlag GmbH, 70499 Stuttgart
Druck: frechdruck GmbH, 70499 Stuttgart

ISBN 3-7724-3188-7 · Best.-Nr. 3188

Liebe Leserinnen und Leser,

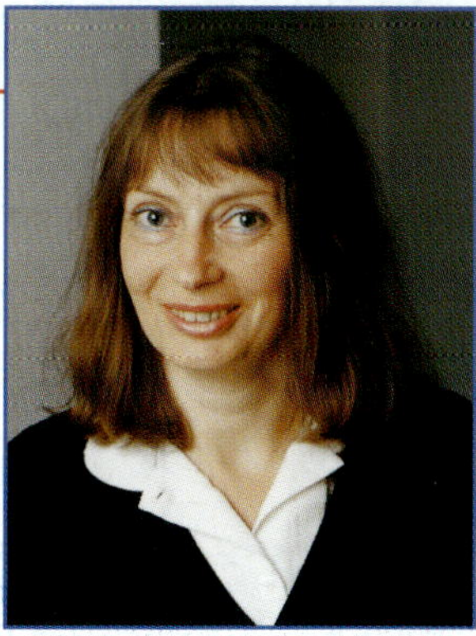

die Tage werden kürzer und die Zeit der gemütlichen Stunden im Kreise der Familie beginnt. Jetzt fehlt nur noch die passende Dekoration.

In diesem Buch finden Sie viele witzige Sperrholzmotive für jeden Raum und auch für draußen. Welches Motiv darf es sein? Ein Elch, der Ihre Gäste an der Tür begrüßt, ein backender Engel oder ein kleiner Schneemann, der für die hungrigen Meisen Futter bereithält?

Mit Sperrholz, einer Laub- oder Dekupiersäge und etwas Bastelfarbe schmücken Sie Ihr Heim und holen sich den ländlichen Winterzauber ins Haus. Und auch Freunde und Verwandte freuen sich über so ein süßes Mitbringsel aus Holz!

Ich wünsche Ihnen viel Freude beim Sägen und Bemalen Ihres Lieblingsmotivs!

Ihre

Materialien

Folgende Materialien und Werkzeuge benötigen Sie für fast jedes der hier im Buch gezeigten Modelle. Alles Übrige finden Sie in der jeweiligen Materialliste.

- Pappel-Sperrholz, 4 mm, 6 mm, 8 mm und 10 mm stark
- Bindedraht (geglühter Eisendraht), ø 0,35 mm, 0,65 mm und 1,4 mm
- Schleifpapier, z. B. mit einer Körnung von 80 und 120
- Pauspapier, Schneider-Kopierpapier
- Transparentpapier
- Klebefilm
- Bleistift
- Dünner Stift in Schwarz (wasserfest)
- Matte Acryl- oder Bastelfarbe
- Krakelier-Lack
- Evtl. Sprühlack
- UHU Alleskleber Kraft
- Drahtnägel, ø 1 mm, 15 mm lang und ø 1,2 mm, 20 mm lang
- Senkkopf-Schrauben, 3,5 mm x 30 mm (für das Anschrauben der Standflächen)

Werkzeuge

Diese Werkzeuge sollten Sie für Ihre Holzarbeiten zur Hand haben:

- Laub- oder Dekupiersäge (mit Sägeblättern für Holz)
- Breiter Borstenpinsel
- Schmaler Pinsel
- Evtl. Kreis- und Ellipsenschablone für die Augen
- Heißklebepistole
- Bohrer (Spiralbohrer), ø 1,5 mm, 2 mm, 2,5 mm, 3 mm, 4 mm und 8 mm
- Bohrmaschine oder Akkuschrauber
- Evtl. Schraubzwinge
- Feile
- Seitenschneider
- Spitze Rundzange
- Hammer

Hinweise

Als „Rest“ bezeichne ich immer ein Holzstück, das maximal A5 groß ist.

Der 1,4 mm starke Bindedraht ist unter dem Namen „Rödeldraht“ im Baumarkt erhältlich!

So geht es

1. Legen Sie einen Bogen Pauspapier auf das Sperrholz und darüber den Vorlagenbogen. Fixieren Sie beide Bogen mit Klebestreifen. Mit einem Bleistift ziehen Sie alle Umrisse und Innenlinien des gewünschten Motivs nach. Zusätzliche Einzelteile, wie z. B. die Nase des Schneemanns, werden mit etwas Abstand zum Grundmotiv auf das Sperrholz übertragen. Dazu lösen Sie den Vorlagenbogen und ggf. das Pauspapier und kleben alles etwas versetzt wieder fest. Achten Sie darauf, dass die Teile nicht überlappen!

2. Sägen Sie das Motiv mit einer Laub- oder Dekupiersäge sorgfältig aus. In den Ecken sägen Sie am besten ohne Druck und drehen dabei das Brett ganz langsam. Sie können aber auch mit einem feinen Bohrer ein kleines Loch in die Ecken bohren, das Sägeblatt dort einführen und so leichter die Ecken aussägen. Glätten Sie alle Kanten sorgfältig mit einer Feile und Schleifpapier.

3. Nun können Sie die Holzteile mit Acrylfarbe oder einer anderen für Holz geeigneten Bastelfarbe bemalen und trocknen lassen. Für den zarten, transparenten Anstrich habe ich die Farbe stark mit Wasser verdünnt. Kräftige Farbakzente, wie z. B. das Ohr beim Elch auf S. 21, habe ich mit unverdünnter Bastelfarbe erzielt. Nach dem Trocknen ziehen Sie die Augen und die Innenlinien mit einem dünnen schwarzen Stift nach.

4. Für das Ankleben einzelner Teile verwenden Sie UHU Alleskleber Kraft oder eine Heißklebepistole. Bohren Sie alle Löcher und biegen und befestigen Sie die benötigten Drähte wie in der Anleitung beschrieben. Besprühen Sie Motive für den Außenbereich mit wetterfestem Lack!

Tipps und Tricks

- Achten Sie darauf, dass Ihr Sperrholzstück nicht zu knapp bemessen ist. Ein etwas größeres Stück lässt sich beim Aussägen besser festhalten und ist dadurch sicherer zu handhaben. Die Maße in diesem Buch sollten Sie als Mindestangabe einplanen. Ein paar Zentimeter mehr machen das Arbeiten leichter.
- Pappel-Sperrholz ist besonders gut für diese Laubsägearbeiten geeignet. Falls Ihnen 10 mm starkes Sperrholz zu dick ist, können Sie auch etwas dünneres Sperrholz verwenden.
- Für schöne Drahtlocken wickeln Sie die Drahtenden um einen runden Gegenstand, z. B. um einen Pinselstiel.
- Zum Verzieren der Knöpfe, Herzchen, Sterne etc. mit Draht stecken Sie ein u-förmig gebogenes Stück Bindedraht von hinten durch die Löcher. Auf der Vorderseite verzwirbeln Sie den Draht und drehen die Drahtenden zu Locken.
- Wo die Figur die Standfläche berührt, sollten Sie den Rand so exakt wie möglich bearbeiten. Unebenheiten können die Figur zum Kippen bringen.
- Alternativ zum Aufkleben auf die Bodenfläche kann die Figur auch festgeschraubt werden. Dazu bohren Sie im Bereich der Befestigungsfläche zwei Löcher in die Bodenplatte. Markieren Sie die Position der Löcher an der Unterkante der Figur und bohren Sie dort zwei weitere Löcher vor. Schrauben Sie jetzt von unten durch die Bodenfläche die Figur fest.

- Um ein Ineinanderlaufen der Farben zu vermeiden, sollte jede Farbe völlig trocken sein, bevor die nächste aufgetragen wird.
- Falls die Rückseite genauso hübsch wie die Vorderseite aussehen soll, müssen Sie von allen Einzelteilen, die aufgeklebt werden, ein zweites Exemplar aussägen. Danach übertragen Sie alle Innenlinien spiegelverkehrt auf die Motivrückseite. Dazu zeichnen Sie alle Linien des Motivs mit einem weichen Bleistift auf Transparentpapier nach und legen dieses anschließend mit der Vorderseite nach unten auf das bereits ausgesägte Motiv. Wenn Sie nun die aufgezeichneten Innenlinien nachfahren, zeichnet sich der Grafit der Bleistiftlinien auf dem Sperrholz ab.
- Sollten Sie zufällig Innenlinien übermalen, ist das nicht weiter schlimm. Übertragen Sie einfach das Motiv auf Transparentpapier, ziehen Sie die Linien auf der Rückseite mit Bleistift nach und legen Sie dann das Transparentpapier auf das Motiv. Wenn Sie jetzt die Linien noch einmal nachfahren, überträgt sich der Bleistift-Grafit von der Rückseite des Transparentpapiers auf das Motiv. Nun können Sie die Innenlinien mit dem schwarzen Stift nachziehen.
- Manchmal ist es einfacher, die schwarzen Innenlinien vor dem Ankleben der Einzelteile aufzumalen. Für Augen und Nasen können Sie evtl. eine Kreis- oder Ellipsenschablone verwenden.
- Für die Wangen einiger Motive vermischen Sie Rot mit etwas Weiß. Zum Schluss tragen Sie noch einen kleinen weißen Pinselstrich auf. Die Augen und einige Nasen versehen Sie mit einem kleinen weißen Lichtfleck.
- Wenn Ihr Motiv antik wirken soll, müssen Sie mit Krakelier-Lack arbeiten. Er bewirkt eine feine Rissbildung und die Farbe wirkt alt. Als Erstes grundieren Sie Ihr ausgesägtes und gesäubertes Holzteil mit der gewünschten Grundfarbe und lassen es trocknen. Nun bestreichen Sie die Teile mit Krakelier-Lack. Wenn auch dieser trocken ist, bemalen Sie alles mit der gewünschten Farbe. Die Farben sollten Sie zügig und möglichst in einer Richtung auftragen. Die kleinen Risse werden relativ schnell sichtbar. Ich habe feinrissigen Krakelier-Lack verwendet.
- Hübsche Stoffe für das Ausschmücken der Motive finden Sie unter den Patchworkstoffen.

Merry Christmas!

Beschreibung Seite 8

Merry Christmas!

Abbildung Seite 7

Zuerst sägen Sie den Weihnachtsmann, seine Arme und Schuhe aus dem dicken, die Quaste und den Rand der Mütze zusätzlich aus dünnem Sperrholz aus. Grundieren Sie alle Teile zunächst mit antikblauer Farbe und nach dem Trocknen mit Krakelier-Lack. Dieser muss erneut trocknen, bevor Sie alles wie abgebildet bemalen und die Löcher bohren. Die Hände durchbohren Sie von der Seite mit dem dicken Bohrer. Kleben Sie die Quaste und den Rand der Mütze fest und verbinden Sie Arme und Füße mit dem Körper. Dazu führen Sie u-förmig gebogene Stücke dünnen Bindedraht von hinten durch die entsprechenden Löcher und drehen die Enden zu Locken. Zuletzt stecken Sie den gebogenen dicken Bindedraht durch die seitlichen Bohrungen der Hände und biegen die Enden spiralförmig.

Motivgröße

ca. 13,5 cm x 18 cm

Material

- Sperrholzrest, 6 mm stark
- Sperrholzrest, 10 mm stark
- Bastelfarbe in Antikblau, Hautfarbe, Karminrot, Schwarz und Weiß
- Krakelier-Lack
- Bindedraht, ø 0,65 mm und 1,4 mm
- Bohrer, ø 1,5 mm und 2 mm

Vorlagenbogen 1A

Kleiner Schlüsselloch-Schneemann

Sägen Sie den Mützenrand und die Nase aus dem dünnen und den Kopf aus dem dicken Sperrholz aus. Malen Sie alles antikblau an. Nach dem Trocknen tragen Sie Krakelier-Lack auf, lassen auch diesen trocknen und bemalen den Schneemann wie abgebildet. Als Nächstes bohren Sie ein seitliches Loch in die Mütze und setzen den Kopf zusammen. Eine kleine Messingschelle, mit dünnem Bindedraht angebunden, vervollständigt den Kopf.

Motivgröße

ca. 9 cm x 13,5 cm

Material

- Sperrholzrest, 6 mm stark
- Sperrholzrest, 10 mm stark
- Bastelfarbe in Weiß, Schilf, Taubenblau, Antikblau, Orange und Karminrot
- Krakelier-Lack
- Bindedraht, ø 0,35 mm
- Messingschelle, ø 9 mm
- Bohrer, ø 1,5 mm

Vorlagenbogen 1B

Ein witziger Engel!

Den Körper, beide Arme, die Schuhe und den großen Stern sägen Sie aus dickem Sperrholz aus. Für die beiden Flügel und die kleinen Sterne verwenden Sie das dünne Sperrholz.
Grundieren Sie zunächst alle Teile antikgrün, tragen Sie danach den Krakelier-Lack auf und bemalen Sie alles wie abgebildet. Vor jedem neuen Arbeitsgang muss alles gründlich trocknen. Die goldfarbenen Teile besprühen Sie mit etwas Glitterspray.
Bohren Sie alle Löcher. Bei den kleinen Sternen ist eine seitliche Bohrung vorgesehen. Nageln Sie die Arme an und kleben Sie beide Flügel von hinten fest. Anschließend kleben oder schrauben Sie den Engel auf die Standfläche.
Nun fehlen noch die Schuhe, die Sie mit Messingdraht schmücken und festkleben. Den Perlmuttknopf dekorieren Sie mit dünnem Bindedraht, bevor Sie ihn an einem der Flügel anbringen. Für die Haarpracht nehmen Sie etwas Feenhaar, das Sie mit dünnem Bindedraht zusammenbinden.
Die Topfbefestigung besteht aus einem u-förmig gebogenen dicken Bindedraht, den Sie von hinten durch die Bohrlöcher stecken. Legen Sie die herausstehenden Drähte von beiden Seiten um den mit Glitterspray besprühten Topf und verhaken Sie sie wie abgebildet. An den gelockten Drahtenden befestigen Sie je einen Stern.
Der Topf wird bis ca. 2 cm unter den Rand mit Steckschaum gefüllt. Bedecken Sie den Steckschaum mit Dschungelmoos und setzen Sie ein Teelicht ins Moosnest. Eine Stoffschleife, die um den dünnen Hals gebunden wird, vervollständigt den Engel.

Motivgröße
ca. 39 cm x 39 cm

Material
- Sperrholz, 6 mm stark, 25 cm x 25 cm
- Sperrholz, 10 mm stark, 60 cm x 50 cm
- Bastelfarbe in Antikgrün, Antikblau, Ha farbe, Metallic-Gold, Weiß und Karmir
- Krakelier-Lack
- Glitterspray in Gold
- Bindedraht, ø 0,35 mm und 1,4 mm
- Messingdraht, ø 0,6 mm
- 2 Nägel, ø 1,2 mm, 20 mm lang
- Tontopf (Rosentopf), ø 9 cm
- Steckschaum für Trockenblumen
- Dschungelmoos in Grau
- Feenhaar in Gelb
- Streifen aus Patchworkstoff, 2 cm x 35
- Perlmuttknopf in Grün, ø 2 cm
- Teelicht
- Bohrer, ø 1,5 mm und 2,5 mm

Vorlagenbogen 1B

Hinweis
Lassen Sie das Teelicht niemals unbeaufsichtigt brennen!

Zwei Schlittschuhläufer auf dem Eis

Schneemann

Sägen Sie den Schneemann, seine Hände, seine Schuhe, die Kufen und die Schneefläche aus dem dicken Sperrholz aus. Für die Schneehaube, die Nase und das Herz verwenden Sie 4 mm starkes Sperrholz. Grundieren Sie alles antikblau. Nach dem Trocknen bestreichen Sie die Teile mit Krakelier-Lack, lassen sie nochmals trocknen und bemalen sie anschließend wie abgebildet.

Die Löcher bohren Sie beim Herz und bei der Schneefläche von vorne, ansonsten seitlich ins Holz. Kleben Sie nun die Drähte (ø 0,65 mm) an den Händen und am Körper in die Bohrungen. Bei den Schuhen verfahren Sie ebenso, fixieren aber zuerst die Kufen. Das kleine Herz hängen Sie an ein gebogenes Stück Draht, das Sie später in der seitlichen Bohrung des Huts befestigen. Nun werden noch Schneehaube und Nase angeklebt. Auch ein dünner Schal darf nicht fehlen. Zuletzt stellen Sie den Schneemann mit einem gebogenen dicken Draht, den Sie in die vorgebohrten Löcher stecken und festkleben, auf die Schneefläche.

Motivgröße

Schneemann ca. 23 cm x 24,5 cm

Material (für beide Motive)

- Sperrholzrest, 4 mm stark
- Sperrholzrest, 6 mm stark
- Sperrholz, 10 mm stark, 50 cm x 40 cm
- Bastelfarbe in Antikblau, Karminrot, Mango, Antikgrün, Schwarz, Taubenblau, Hautfarbe, Mittelbraun und Weiß
- Krakelier-Lack
- Bindedraht, ø 0,35 mm, 0,65 mm und 1,4 mm
- 2 Patchworkstoffteile, 1,5 cm x 26 cm
- Messingschelle, ø ca. 9 mm
- Bohrer, ø 1,5 mm

Vorlagenbogen 1A

Elch

Sägen Sie das Geweih aus dem 6 mm starken Sperrholz und den Rest aus dickem Sperrholz aus. Der Elch, seine Hände und das Geweih erhalten eine hautfarbene Grundierung, alles andere wird antikblau grundiert. Bemalen Sie alles wie abgebildet. Durch eine Bohrung im Geweih wird mit dünnem Bindedraht eine Schelle gehängt. Ansonsten arbeiten Sie den Elch wie den Schneemann.

Ich füttere die Meisen

Sägen Sie den Schneemann aus dem dicken und den Mützenrand und die Nase aus dem dünnen Sperrholz aus. Nach dem Bemalen und Trocknen ergänzen Sie alle Innenlinien, setzen den Schneemann zusammen und bohren die Löcher. Nun befestigen Sie den gebogenen Draht und fädeln die Paketschnur zum Aufhängen durch die beiden Bohrungen im Hut. Schützen Sie den Schneemann mit wetterfestem Sprühlack. Ein leckerer Meisenknödel darf draußen natürlich nicht fehlen!

Motivgröße

ohne Drahtaufhängung
ca. 8,5 cm x 13,5 cm

Material

- Sperrholzrest, 6 mm stark
- Sperrholzrest, 10 mm stark
- Bastelfarbe in Schilf, Antikblau, Scharlachrot, Orange und Weiß
- Sprühlack
- Bindedraht, ø 1,4 mm
- Paketschnur, ø 1,7 mm
- Meisenknödel
- Bohrer, ø 3 mm

Vorlagenbogen 4B

Oh, oh,
bloß nicht fallen
lassen!

Beschreibung Seite 16

Motiv-
größe

Elch ca.
23 cm x
20 cm

Material

- Sperrholzrest, 6 mm stark
- Sperrholzrest, 8 mm stark
- Sperrholz, 10 mm stark, 21 cm x 30 cm
- Bastelfarbe in Gelbocker, Mittelgelb, Antikblau, Scharlachrot, Mittelbraun, Olivgrün und Weiß
- Bindedraht, ø 0,65 mm und 0,35 mm
- Knopf in Rot, ø 1,2 cm
- Bohrer, ø 1,5 mm

Vorlagenbogen 2B

Oh, oh, bloß nicht fallen lassen!

Abbildung Seite 15

Sägen Sie den Elch und sein Hinterbein aus dem dicken Sperrholz aus. Für das Geweih und den Haarschopf genügt die mittlere Holzstärke. Nase, Sterne und den Baum fertigen Sie aus dünnem Sperrholz. Nun bemalen Sie alles wie abgebildet und führen die Bohrungen aus. Einer der Sterne und die Tanne erhalten auch an der Unterseite ein Bohrloch. Darin wird je ein Stück vom dickeren Bindedraht befestigt. Das andere Drahtende wird durch die seitlichen Bohrlöcher gesteckt und umgebogen.
Setzen Sie nun den Elch zusammen und verzieren Sie ihn mit einem Knopf mit dünnem Bindedraht. Zum Schluss hängen Sie ihm die Sternen-Tannenkette ans Vorderbein.

Schöne Winterzeit!

Sägen Sie den Kopf, die Hände und die Nase aus dem dicken Sperrholz aus. Für die Blätter nehmen Sie die mittlere Stärke und für das Schild dünnes Sperrholz. Grundieren Sie alle Teile mit antikblauer Farbe und bestreichen Sie sie dann mit Krakelier-Lack. Anschließend bemalen Sie alles wie abgebildet. In das Schild und die Hand bohren Sie die Löcher von vorne, in den Hut und in eines der Blätter seitlich. Kleben Sie Hände und Nase an den Kopf. Achten Sie darauf, dass die Auflagefläche gerade ist und die Nase und die Hände senkrecht aufgeklebt werden.
Mit einem gelockten Stück Draht befestigen Sie das Blatt mit der Bohrung am Hut. Das andere Blatt kleben Sie auf das Schild. Ein u-förmig gebogenes Bindedrahtstück stecken Sie von hinten durch beide Bohrungen der Hand. Die Drahtenden werden ebenfalls von hinten durch die Bohrungen des Schildes gesteckt und anschließend gelockt.
Eine kleine, aus Draht gebogene Brille, ein angeknotetes Stück Stoff und etwas Dschungelmoos machen den Schneemann komplett.

Motivgröße

ohne Schild ca.
22,5 cm x 23 cm

Material

- Sperrholzrest, 6 mm st
- Sperrholzrest, 8 mm st
- Sperrholz, 10 mm stark 21 cm x 30 cm
- Bastelfarbe in Antikbla Antikgrün, Orange, We Schilf und Scharlachrot
- Krakelier-Lack
- Bindedraht, ø 0,65 mm
- Patchworkstoff, 1,5 cm x 20 cm
- Dschungelmoos in Grü
- Bohrer, ø 1,5 mm

Vorlagenbogen 2A

Schöne
Winter-
zeit!

Kleiner Weihnachtsmann im Wald

Motivgröße

ca. 26 cm x 18 cm

Material

- Sperrholzrest, 6 mm stark
- Sperrholz, 10 mm stark, 20 cm x 40 cm
- Bastelfarbe in Olivgrün, Mittelgelb, Weiß, Antikblau, Scharlachrot und Hautfarbe
- Glitterspray in Gold
- Bindedraht, ø 0,65 mm
- 2 Nägel, ø 1 mm, 15 mm lang
- Bohrer, ø 1,5 mm

Vorlagenbogen 2B

Sägen Sie den Wald und den Weihnachtsmann aus dem dicken und die Sterne und die Arme aus dem dünnen Sperrholz aus. Nun trennen Sie noch die seitlichen Teile des Waldes ab, glätten die Kanten und bemalen alles wie abgebildet. In die noch feuchte Gesichtsfarbe geben Sie etwas Scharlachrot für die Nase. Nach dem Trocknen besprühen Sie die Tannen und beide Sterne mit Glitterspray und bohren alle Löcher. Nun müssen die Seitenteile des Waldes wieder mit dem Mittelstück verbunden werden. Dazu stecken Sie von hinten u-förmig gebogene Drahtstücke durch die entsprechenden Bohrungen und locken die Drahtenden so, dass die seitlichen Flügel des Paravents leicht nach vorne gebogen werden können. Nageln Sie beide Arme an. Kleben Sie den Weihnachtsmann und den mit Bindedraht verzierten Stern fest. Stecken Sie in die seitliche Bohrung des anderen Sterns ein gelocktes Stück Draht und kleben Sie das Drahtende in die seitliche Bohrung der mittleren Tanne.

Noël

Sägen Sie den Elch, sein Geweih, den Arm und den großen Stern aus dem dicken Sperrholz aus, die kleinen Sterne aus dem dünnen. Bemalen Sie alles wie abgebildet und besprühen Sie nach dem Trocknen alle Sterne mit Glitterspray. Im Schulterbereich erhält der rechte Arm eine kleine Bohrung von vorne. Für die seitliche Bohrung verwenden Sie den 2 mm starken Bohrer. Die beiden seitlichen Löcher im linken Arm (ø 2,5 mm) dienen zum Befestigen des Laternenstabs, den Sie aus einem langen Stück Bindedraht herstellen. Biegen Sie den Draht in der Mitte um ein Rundholz oder einen Bleistift und verdrehen Sie die beiden gleich langen Enden miteinander. Wenn Sie das Rundholz wieder herausziehen, bleibt an seiner Stelle eine Öse zum Einhängen der Laterne. Biegen Sie den Draht in seine Form, teilen Sie ihn mit der Zange in zwei Teile und kleben Sie die Enden in die dafür vorgesehenen Löcher.

Nageln Sie nun den rechten Arm fest. Durch die seitliche Bohrung stecken Sie ein langes Stück Bindedraht. Biegen Sie seine Enden spiralförmig und kleben Sie die Sterne auf den liegenden Draht. Wenn der Kleber trocken ist, bekommt der Elch sein Geweih und wird auf der Standfläche befestigt. Etwas Dschungelmoos und ein schöner Schal schmücken ihn zusätzlich. Zum Schluss hängen Sie eine kleine Laterne ein.

Motivgröße

ohne Sternengirlande ca. 33 cm x 50 cm

Material

- Sperrholzrest, 6 mm stark
- Sperrholz, 10 mm stark, 60 cm x 60 cm
- Bastelfarbe in Mittelbraun, Scharlachrot, Mittelgelb, Weiß, Antikblau und Olivgrün
- Glitterspray in Gold
- Bindedraht, ø 1,4 mm
- Nagel, ø 1,2 mm, 20 mm lang
- Dschungelmoos in Grün
- Patchworkstoffteil, 16 cm x 44 cm
- Metalllaterne, 11,5 cm x 6 cm x 6 cm
- Teelicht
- Bohrer, ø 1,5 mm, 2 mm und 2,5 mm

Vorlagenbogen 2B + 3A

Hinweise

Die Laterne erhalten Sie z. B. in Deko-Läden oder Möbelhäusern.

Lassen Sie das Teelicht in der Laterne nie unbeaufsichtigt brennen!

E
L

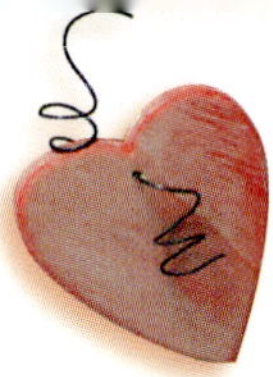

Besuch für den Schneemann

Sägen Sie den Schneemann, den Hutrand, den Arm, die Füße und die Standfläche aus dem dicken Sperrholz aus. Für den Stern, beide Herzen, die Nase und den Vogel nehmen Sie dünnes Sperrholz. Nach dem Bemalen und Trocknen führen Sie alle Bohrungen aus.
Kleben Sie Hutrand, Nase und Füße an den Schneemann. Der Vogel erhält seinen Kopfschmuck aus dünnem Draht, bevor Sie ihn befestigen. Den Hut dekorieren Sie mit einem Herz und dem Stern. Dazu knicken Sie ein Stück dicken Draht in der Mitte zusammen und locken ihn an beiden Seiten der Knickstelle ein wenig. Dann fädeln Sie von einer Seite das Herz, von der anderen den Stern auf und locken noch den Rest des Drahtes. Die Knickstelle kleben Sie in die seitliche Bohrung des Huts.
Jetzt nageln Sie den Arm an, jedoch nicht zu fest, denn er sollte beweglich bleiben. Das zweite Herz hängen Sie an ein Stück dicken Bindedraht, stecken diesen durch die seitliche Bohrung der Hand und locken das Drahtende. Verzieren Sie die drei Knöpfe mit dünnem Bindedraht, bevor Sie sie befestigen.
Schmücken Sie den Hut mit etwas Dschungelmoos, befestigen Sie den Schneemann auf der Standfläche und binden Sie ihm den Schal um. Ein kleiner, aus Birkenreisig gebundener Besen schmückt die Schneefläche.

Motivgröße

ca. 32 cm x 48 cm

Material

- Sperrholzrest, 6 mm
- Sperrholz, 10 mm stark, 65 cm x 60
- Bastelfarbe in Schwarz, Ultramarinblau, Orange, Scharlachrot, Mittelge Schilf, Antikgrün und Weiß
- Bindedraht, ø 0,65 mm und ø 0,35
- Nagel, ø 1,2 mm, 20 mm lang
- 3 Perlmuttknöpfe in Rot, ø 2,5 cm
- Dschungelmoos in Grau
- Patchworkstoff, 16 cm x 60 cm
- Birkenreisig
- Zweig
- Bohrer, ø 1,5 mm

Vorlagenbogen 1A + 3B

Singender Weihnachtsmann

Motivgröße

ca. 24 cm x 50 cm

Material

- Sperrholzrest, 8 mm stark
- Sperrholz, 10 mm stark, 50 cm x 60 cm
- Bastelfarbe in Weiß, Antikgrün, Karminrot, Hautfarbe, Olivgrün und Schwarz
- Krakelier-Lack
- Bindedraht, ø 0,35 mm und 0,65 mm
- 2 Nägel, ø 1,2 mm, 20 mm lang
- Knopf in Grün, ø 1,7 cm
- Patchworkstoff, 1,5 cm x 22 cm
- Dschungelmoos in Grün
- Birkenreisig
- Paketschnur, ø 1,7 mm
- Bohrer, ø 1,5 mm

Vorlagenbogen 4A

Sägen Sie den Weihnachtsmann, beide Arme und den großen Baum aus dem dicken Sperrholz aus, die Augenbrauen und den kleinen Baum aus dem dünnen. Grundieren Sie beide Bäume in Hautfarbe und den Rest in Antikgrün. Nach dem Trocknen bestreichen Sie alle Teile mit Krakelier-Lack, lassen sie nochmals trocknen und bemalen sie anschließend wie abgebildet.

Durchbohren Sie den kleinen Baum zweimal und jeden Arm einmal von vorne. Zusätzlich erhalten die Hände noch eine seitliche Bohrung. Kleben Sie die Augenbrauen fest und nageln Sie die Arme an, jedoch nicht zu fest, damit sie beweglich bleiben. Beim kleinen Baum stecken Sie ein Stück dicken Bindedraht von vorne durch die Löcher. Die Drahtenden werden durch die seitlichen Löcher beider Hände geführt und zu Locken gedreht. Sobald der mit dünnem Bindedraht geschmückte Knopf an der Mütze klebt, befestigen Sie den Weihnachtsmann auf dem großen Baum, der die Bodenplatte bildet.

Nun noch ein Stückchen Stoff und etwas Dschungelmoos, und der Weihnachtsmann ist perfekt. Auch eine kleine, mit Paketschnur umwickelte Rute aus Birkenreisig sollte nicht fehlen.

Wie kalt ist es?

Sägen Sie die Vögel, die Herzen, die Nase und die Tasche samt Lebkuchenmännchen aus dem dünnen und den Schneemann und seine Füße aus dem dicken Sperrholz aus. Bemalen Sie alle Teile wie abgebildet. Die Herzen, der Hut und die Hände bekommen seitliche Bohrungen, die restlichen Löcher werden von vorne gebohrt. Sind Ihnen die seitlichen Bohrungen der Hände zu schwierig, können Sie auch pro Hand eine Bohrung von vorne vornehmen, die Enden des Aufhängedrahts zu Ösen biegen und einhängen.
Drahten Sie die Füße an, indem Sie von hinten ein u-förmig gebogenes Stück Bindedraht (ø 0,65 mm) durch die Bohrungen stecken und vorne zu Locken drehen.
Für das Anbringen der Herzen knicken Sie ein Stück Bindedraht (ø 0,65 mm) in der Mitte und kleben an jedes Drahtende ein Herz. Die Knickstelle wird in die seitliche Bohrung des Hutes gesteckt und fixiert.
Der Schneemann erhält nun seine Nase und die Tasche mit einem Knopf, den Sie mit dünnem Bindedraht verziert haben.

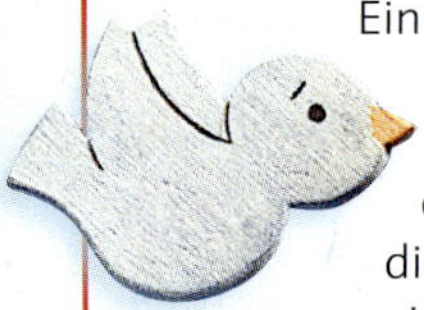

Ein schmales Stück Stoff schmückt den Hut. Umwickeln Sie es in der Mitte mit dünnem Bindedraht, dessen Enden Sie durch die Knopflöcher stecken, etwas verzwirbeln und zu Locken drehen.
Aus dem dicken Bindedraht biegen Sie die Aufhängung. Stecken Sie die Drahtenden durch die seitlichen Bohrungen der Hände und drehen Sie die Enden zu Locken.
Jetzt fehlen nur noch die beiden Vögel, die Sie am Aufhängedraht festkleben, und das Thermometer.

Motivgröße

ohne Aufhängung
ca. 27 cm x 40 cm

Material

- Sperrholzrest, 6 mm stark
- Sperrholz, 10 mm stark, 40 cm x 45 cm
- Bastelfarbe in Ultramarinblau, Schilf, Weiß, Scharlachrot, Orange, Mittelbraun, Hautfarbe, Taubenblau und Zartblau
- Evtl. Sprühlack
- Bindedraht, ø 1,4 mm, ø 0,65 mm und ø 0,35 mm
- Perlmuttknopf in Flieder, ø 2,3 cm
- Knopf in Mittelblau, ø 2 cm
- Streifen Patchworkstoff, 1,5 cm x 24 cm
- Thermometer, ca. 16 cm lang, für innen und außen
- Bohrer, ø 1,5 mm und 2 mm

Vorlagenbogen 2A

50
40
30
20
10
0
0
10
20
30

Ich backe so gern!

Sägen Sie den Engel, die Arme, die Schuhe und die Wolke aus dem dicken und die Flügel aus dem dünnen Sperrholz aus. Nach dem Bemalen und Trocknen besprühen Sie die Flügel mit Goldglitter, die Wolke mit Silberglitter. Die Löcher bohren Sie bei den Schuhen und Armen von vorne, ansonsten seitlich ins Holz. Nageln Sie beide Arme an den Körper, jedoch nicht zu fest, damit Sie den Draht mit der seitlich durchbohrten Backform leichter durch die Bohrungen in den Händen stecken können. Die Locken formen Sie aus dickem Messingdraht und fixieren sie in den seitlichen Löchern im Kopf. Dann kleben Sie die Flügel an. Einen Flügel schmücken Sie mit einem Knopf, den Sie mit dünnem Bindedraht verziert haben.
Befestigen Sie den Engel auf seiner Wolke und fixieren Sie die Füße, die Sie mit Schnürsenkeln aus dünnem Messingdraht versehen. Binden Sie dem Engel eine Paketschnur mit einer Backform um und dekorieren Sie den Bindedraht mit einem Stoffstreifen. Eine weitere Backform und Spielzeugkochlöffel schmücken die Wolke.

Motivgröße
ca. 28 cm x 49 cm

Material
- Sperrholz, 8 mm stark 21 cm x 30 cm
- Sperrholz, 10 mm sta[r]
  60 cm x 60 cm
- Bastelfarbe in Hautfar[be] Metallic-Gold, Zartbla[u] Schilf, Scharlachrot u[nd] Weiß
- Glitterspray in Gold u[nd] Silber
- Bindedraht, ø 0,35 m[m] und 0,65 mm
- Messingdraht, ø 0,6 [m] und 0,8 mm
- 2 Nägel, ø 1,2 mm, 20 mm lang
- Perlmuttknopf in Flie[d] ø 2,3 cm
- Patchworkstoff, 1,5 cm x 22 cm
- Paketschnur, ø 1,7 m[m]
- 3 kleine Backformen
- 2 Spielzeugkochlöffel aus Holz, ca. 16 cm la[ng]
- Bohrer, ø 1,5 mm

Vorlagenbogen 1B + 4B

Ich halte jede Tür!

Abbildung Seite 1

Sägen Sie den Mützenrand aus dünnem und die restlichen Teile aus dickem Sperrholz aus. Bemalen Sie alles wie abgebildet. Geben Sie etwas Scharlachrot für Wangen und Nase in die noch feuchte Gesichtsfarbe. Nach dem Trocknen erhält jeder Arm von vorne ein Bohrloch. Kleben Sie den Mützenrand an und nageln Sie die Arme fest.
Schrägen Sie nun den Holzkeil ab. Wenn Sie dazu eine Laubsäge verwenden, sollten Sie ihn zuvor mit einer Schraubzwinge auf Ihrer Arbeitsplatte befestigen. Bemalen Sie den Keil und kleben Sie den Weihnachtsmann an das stumpfe Ende.

Motivgröße
ohne Holzkeil
ca. 13 cm x 12,5 cm

Material
- Sperrholzrest, 6 mm stark
- Sperrholzrest, 10 mm stark
- Holzlatte, ca. 11 cm lang, 1,8 cm hoch und 4 cm breit
- Bastelfarbe in Olivgrün, Hautfarbe, Ultramarinblau, Schwarz und Weiß
- 2 Nägel, ø 1,2 mm, 20 mm lang
- Bohrer, ø 1,5 mm

Vorlagenbogen 4A

Sternenschneemann

Sägen Sie den Schneemann und beide Standteile aus dem dicken Sperrholz aus. Das Herz, die Nase und beide Sterne fertigen Sie aus dünnem Sperrholz. Für die Sterne im Bauch bohren Sie ein Loch in den Bereich, den Sie aussägen wollen, und stecken das Sägeblatt hindurch.
Malen Sie alle Teile mit antikblauer Farbe an. Nach dem Trocknen bestreichen Sie alles mit Krakelier-Lack, lassen auch diesen trocknen und bemalen die Teile wie abgebildet. Die Punkte sind mit unverdünnter antikblauer Farbe aufgemalt. Bohren Sie alle Löcher von vorne. Stecken Sie ein u-förmig gebogenes Stück dicken Bindedraht von hinten durch beide Löcher im Handbereich, fädeln Sie auf jeder Seite einen Stern auf und locken Sie die Drahtenden.
Kleben Sie die Nase und das mit dünnem Bindedraht verzierte Herz an. Von hinten befestigen Sie ein passend geschnittenes Stück Drahtgitter und fixieren die kleinen Standteile. Arbeiten Sie die Standteile so exakt wie möglich. Neigt die Figur dennoch zum Umkippen, schleifen oder feilen Sie die Standteile nach hinten zu leicht schräg. Ein Teelicht lässt die Sterne erstrahlen.

Motivgröße
ca. 17 cm x 21 cm

Material
- Sperrholzrest, 6 mm s
- Sperrholz, 10 mm sta 21 cm x 30 cm
- Bastelfarbe in Antikbl Gelbocker, Karminrot Orange, Taubenblau u Weiß
- Krakelier-Lack
- Bindedraht, ø 0,35 m und 0,65 mm
- Drahtgitter, verzinkt, 12 cm x 12 cm
- Bohrer, ø 1,5 mm unc einen stärkeren (zum Durchführen des Säge blattes beim Aussäge der Sterne im Bauchbereich)

Vorlagenbogen 4B

Hinweis
Lassen Sie das Teelicht niemals unbeaufsichtigt brennen!

Ein niedlicher kleiner Vogel

Abbildung und Material Seite 32

Sägen Sie den Vogel, den Flügel und das Vogelhäuschen aus dem dicken Sperrholz aus. Für die Herzen und den Mützenrand verwenden Sie dünnes Sperrholz. Es ist besser, schon vor dem Aussägen das Einflugloch (ø 8 mm) in das Vogelhäuschen zu bohren. Malen Sie alles wie abgebildet an und führen Sie die übrigen Bohrungen aus. Nun kleben Sie den Flügel und den Rand der Mütze fest.
Das Vogelhäuschen hängen Sie an ein Stück Draht, stecken diesen durch die seitliche Bohrung des Flügels und locken die Drahtenden. Knicken Sie ein Stück Bindedraht in der Mitte und kleben Sie an jedes Drahtende ein Herz. Die Knickstelle wird in die seitliche Bohrung der Mütze gesteckt und fixiert. Bringen Sie die Klangstäbe und das Aufhängeband an und binden Sie dem Vogel den Schal um.

Motivgröße

ohne Klangstäbe
ca. 14 cm x 21 cm

Material

- Sperrholzrest, 6 mm stark
- Sperrholzrest, 10 mm stark
- Bastelfarbe in Scharlachrot, Antikblau, Olivgrün, Weiß, Orange und Schilf
- Evtl. Sprühlack
- Bindedraht, ø 0,65 mm
- Paketschnur, ø 1,7 mm
- Patchworkstoff, 2 cm x 25 cm
- 3 Klangstäbe, 14 cm lang
- Bohrer, ø 1,5 mm, 2 mm und 8 mm

Vorlagenbogen 2A